LE STYLE *Campagne*

Dépôt légal : novembre 2000
ISBN : 2-84038-376-4
N° éditeur : 48299
Première édition : novembre 2000

LE STYLE Campagne

Photos de Philippe Saharoff

Texte de Chrystel Guene

ÉDITIONS RUSTICA

SOMMAIRE

AVANT-PROPOS

Loin des villes et de leurs sirènes, la campagne est un temple naturel : symbolique, elle est un lieu d'où l'enfance ressurgit ; mystique, elle est le siège de la contemplation de la nature, de ses pouvoirs et de ses enseignements. Pratique, elle est, le temps d'une échappée belle, d'un week-end, le contrepoint d'une existence où la vitesse a pris le pas sur le sens. Par les temps qui courent, c'est donc à la fois un lieu où l'on se ressource et une source qui jamais ne tarit, tant ses tonalités sont multiples, ses bienfaits abondants et ses vertus profondes.

Si un arbre peut, à lui seul, évoquer la nature tout entière, c'est que la relation qui nous lie à elle est avant tout de l'ordre de l'intime, du rêve, de l'imaginaire et de l'intériorité. C'est pourquoi l'éventail des sensations que l'on peut éprouver à la campagne et à l'égard de celle-ci est si large. Et si cet éventail se trouve parfois réduit « au bon feu de cheminée », il faut y lire un cliché et non une évocation capable de restituer tous ses visages dont chacun est ancré au cœur des saisons. Plus ou moins peuplées, ces régions reculées ou proches abritent des trésors de traditions, d'artisanat, de savoir-faire… Du nord au sud et d'est en ouest, l'habitat de style campagne possède ses caractéristiques propres, liées aux traditions et aux coutumes régionales. Maison à colombages, chalet en rondins, robuste cabane de pionnier ou manoir ancestral, c'est l'environnement, qu'il soit lointain ou immédiat, qui va donner à l'habitat sa dimension esthétique et poétique. Jardins, terrasses, vergers, potagers, champs cultivés ou en jachère, forêts, lacs, montagnes et rivières constituent un décor naturel semblable à un théâtre, où se jouent les scènes d'une vie quotidienne.

Finalement, parler du « style campagne » c'est un peu parler d'Art de vivre dans ces maisons, restaurées ou intactes, anciennes et contemporaines qui toutes s'inscrivent dans une recherche d'harmonie entre vie matérielle et vie spirituelle.

L'HABITAT

De la plus simple bâtisse restaurée au relais de chasse en ruines, en passant par les corps de ferme et les chalets d'aujourd'hui, l'habitat en campagne revêt autant de formes qu'il existe de régions. Ainsi, on trouvera ici de la brique, là de l'ardoise, ailleurs de la pierre ou du bois… Toitures, charpentes, murs, sols et matériaux dominants varieront selon la situation géographique et le souci des régions de conserver au paysage et aux habitations leur esprit premier. Acheter, construire ou restaurer une maison à la campagne, c'est d'abord choisir une région, un site, un paysage qui nous inspire, nous apaise ou suscite en nous une émotion. Que l'on décide de rompre avec la tradition ou de les intégrer au paysage, l'intérieur et l'extérieur devront se prolonger mutuellement et offrir au regard du passant, comme une toile de maître, le sentiment d'une parfaite entente.

UNE VIEILLE DAME AVEC SON ESCALIER D'AUTREFOIS, SES POUTRES DE CHÊNE, SON CRÉPI SABLE ET LA PIERRE DE TAILLE LAISSÉE APPARENTE PAR ENDROITS.

UN ESPACE HORS DU TEMPS

C'est sa façade et son toit qui signalent, en premier, la présence d'une maison. Dans un langage, qui est celui de la pierre, du fer et du bois formant les murs, les toits et les charpentes, elle révèle l'histoire des lieux, en préserve le mystère et capte l'attention.

De la cabane forestière au corps de ferme restauré, ces maisons semblent avoir poussé en même temps que la nature qui les entoure. Le monde rural recèle de trésors qui arrêtent le regard et déclenchent l'imaginaire campagne.

La variété architecturale qui s'étend de la maison manoir (élégance tranquille et jardin sage) au corps de ferme (principal et dépendances), en passant par la maison rurale, laisse toujours subsister, quel que soit l'ancrage géographique, cette caractéristique commune aux maisons de campagne : l'espace et l'oxygène ne manquent jamais. Le climat, lui aussi, dicte certains détails de l'habitat campagne : vérandas, volets et cheminées. Selon leur lieu d'implantation, les maisons conserveront des données propres à leur région d'origine. Qu'elles aient ou non maintenu leur architecture et leur rusticité première, l'espace est un maître mot pour ces habitations aux vastes pièces et aux volumes généreux.

En Normandie (ci-dessus) : cette ancienne seigneurie, ayant appartenu jadis à un ordre religieux, présente une haute façade blanchie, percée de fenêtres de tailles différentes.
Devant, un jardin à la française… religieusement entretenu.

Volcanique (ci-contre) : une architecture typique du Massif Central. Des parpaings de pierre volcanique et des tuiles rouge feu pour cette maison de Saint-Arcons-sur-Allier.

LES TERRASSES

La terrasse, espace de transition et véritable extension de la maison, joue les salons d'extérieur et prend des allures de cuisine ouverte et couverte, dissimulée derrière un bar. Singulière, elle se résume parfois à une table choisie parmi les fers forgés et nichée sous un feuillage, comme une improvisation. La végétation y est invitée permanente, qu'il s'agisse d'un lieu de passage ou d'un vrai lieu de vie.

Au sol, le choix ne manque pas, tant sur le plan des couleurs que des formes ou des matériaux : octogones roses, carrés émaillés, pierres italiennes à layage large, pavés de terre cuite, pierre de Bourgogne, dalles de marbre ou morceaux choisis de mosaïque… Côté bois : le pin traité est l'essence la plus utilisée. Cependant, on rencontre aussi une large gamme de résineux (mélèze, pin maritime), et de feuillus (chêne, châtaignier ou bois exotique)… Transformé en lames ou en caillebotis (conçus pour de larges surfaces), le bois strié ou rainuré deviendra anti-dérapant.

L'atmosphère du lieu, les combinaisons de couleurs, la disposition des chaises et des tables, compléteront le tableau. Là encore, on choisira, en fonction du style de la maison, de rester dans la tradition régionale ou d'innover.

Sur le thème jaune, rouge et vert fougère (ci-contre), une terrasse bien protégée assortie – fond et forme – à l'esprit de la façade.

Ombre et lumière (en haut à droite) sont les deux privilèges de cette terrasse des Charentes signée André Blanchet.

À l'abri des regards (ci-contre), on a improvisé un salon de jardin dans le ton des lieux.

LES JARDINS

Somptueux ou intime, sauvage ou harmonieusement planté de parterres fleuris, le jardin prolonge toujours un intérieur et en constitue un peu le reflet. Il est un élément à part entière de la maison.

Transition entre le dedans et le dehors, le jardin de campagne, contrairement au jardin des villes, ne se borne pas à être une cour ou un carré de verdure, il se fond dans la nature environnante au rythme des quatre saisons.

C'est cette façon de n'être pas quadrillé, cloisonné ou ramassé qui donne à l'environnement immédiat ce pouvoir de nous rapprocher du monde végétal.

Il est l'espace privilégié des jeux d'enfants, des discussions entre amis, des siestes réparatrices à l'ombre d'un vieil arbre, mais il attire aussi le regard vers la ligne d'horizon, à perte de vue.

Arbres fruitiers, pelouse rase, massifs de marguerites, rosiers grimpants, fraisiers sauvages ou groseilles du jardin sont un spectacle pour les yeux, un régal pour les sens. Dormir, méditer, paresser, jardiner, courir, lire, ou simplement respirer ses parfums, ressentir ses couleurs, il est moins un jardin qu'une invitation au voyage.

À l'ombre d'un arbre voyageur (page de gauche). C'est le printemps, un prunier du Japon en fleurs, quelque part en Normandie, verte et rieuse.

Un pigeonnier (ci-dessus) s'est blotti entre les dépendances de ce relais de chasse daté du XVIIe siècle et revisité en chambres d'hôtes. Aujourd'hui, la maîtresse des lieux en a fait son coin brocante.

Entre parc et jardin... Détail d'un parterre de tulipes bicolores d'où jaillit une vasque en pierre sculptée.

À LA DÉROBÉE… UN JARDIN D'HIVER ROMANTIQUE À SOUHAIT.

NÉCESSAIRE DU JARDINIER. LE MOBILIER EN FER FORGÉ JOUE LES CAMÉLÉONS DANS L'ABONDANCE VÉGÉTALE.

Morceau choisi (page de gauche) : le chemin dessine une arcade et inaugure un décor au naturel.

Bûches, osier et rondins (ci-dessus) : un décor authentique et actuel pour cette maison typique des régions montagneuses.

Honneur au banc (ci-dessus, à droite) : mur de briques, lierre et coussins blancs pour un salon d'extérieur simple et raffiné.

Bienvenue (ci-contre) aux « Fermes de Marie » perchées sur Megève.

ORNEMENTS

Signe des traditions locales, les ornements sont aussi le reflet des particularités individuelles. Superstitions, symboles, artisanats locaux, mises en scène improvisées, clins d'œil, croyances… Étant l'âme des charpentes, leur vocation est d'embellir et de personnaliser. Partout en France, ils y parviennent en jouant l'alternance des motifs, des habillages, des formes et des couleurs.

Chevrons de briques rouges sur fond de poutres peintes, plâtre blanc et madriers argentés par la patine du temps, murs pignons, œils-de-bœuf, tuiles volcaniques, portes sculptées, loquets, verrous, poignées et fenêtres peintes : de l'élégante gentilhommière à la maison du meunier, les détails ornementaux et les structures d'ensemble, de tout temps dédiés à la beauté, nous présentent ces maisons chargées de grande et de petite histoire.

Vieilles « godasses » et fleurs d'artichauts sur fond de larges planches de bois passées. Une mise en scène ramenée à sa plus simple expression, et dans la plus pure originalité.

Ci-dessus, fleurs et maïs suspendus… Composition originale et champêtre photographiée en Alsace.

L'ÂME DES CAMPAGNES

La façade joue un rôle déterminant dans la perception des maisons car elle est chargée du caractère d'ensemble, âme et corps, de la maison de campagne. Murs de pierre, meulière, bardages de bois peint, briques, entourage et formes des ouvertures constituent le premier visage de l'habitat campagnard.

Très isolant et résistant aux intempéries, le bois de forte épaisseur conviendra parfaitement aux climats rudes, critère important dans le choix des volets. Rustiques, en sapin avec bardes et écharpes, ils sont à traiter, à peindre ou à lazurer. Sur le rebord des fenêtres, qui demeurèrent de simples ouvertures jusqu'au XVIe siècle, avant de devenir de véritables objets d'art (fenêtres à guillotine, fenêtres en saillie ou à persiennes…), bouquets de fleurs séchées, vases et compositions florales compléteront la touche champêtre.

Pour les fenêtres des toits, le bois massif est souvent présent. La forme des châssis varie : ils sont triangulaires, rectangulaires, ronds ou en chien assis. Le choix des tuiles (romaines, pierres volcaniques) ou des ardoises sera dicté par l'utilisation des matériaux régionaux, ainsi que le choix des gouttières et des ouvrages de maçonnerie supportant le toit.

En rouge et gris ardoise (ci-contre) : les lignes horizontales et verticales de l'ardoise et de la brique donnent un rythme régulier à ce toit typique des régions du Nord.

La tuile sous tous ses angles. On la préfère légèrement usée par le temps et assemblée irrégulièrement car c'est ainsi qu'elle prend tout son caractère. Neuve et lisse, elle perdra beaucoup de son charme, cassant l'esprit de ces toits qui parlent merveilleusement des régions : ci-dessus, sous le soleil de plomb du Midi ; à droite un toit typique du centre de la France.

SÉSAME, OUVRE-TOI !

La porte d'entrée, contemporaine ou rustique, s'adapte à toutes les architectures. À un ou deux vantaux, elle participe à la personnalisation de la maison : traditionnelle porte-fenêtre ou rustique porte fermière à deux battants. Le vantail pourra être assorti de vitrage pour laisser pénétrer la lumière du dehors.
Les accessoires (heurtoir, judas, poignées de porte et paniers suspendus) ajouteront du caractère à l'ensemble.

La vieille porte de la grange n'a pas bougé (page de gauche). Un décor sans décor qui échappe aux modes et passe l'épreuve du temps.

Dans la région de Bordeaux, une maison bourgeoise (ci-dessus) nous ouvre une porte aux teintes claires, arrondie dans sa hauteur et surmontée d'une curieuse lucarne « œil-de-bœuf ».

Du côté des portes landaises... Ci-contre, façade du XVIIIe siècle à pans de bois et briques roses en chevrons.

L'ENTRÉE

L'entrée annonce la couleur et raconte au visiteur, sans tout lui dévoiler, la tendance décorative, le style d'ensemble et la personnalité des habitants. Lieu de transition, la plupart du temps vaste et cérémonieux dans les grandes demeures d'époque, s'ouvrant sur plusieurs corridors, elle peut aussi prendre l'apparence du plus simple vestibule ou d'un étroit passage juste bon à nous défaire de nos vêtements et de nos effets personnels.

Dallée de terre cuite, recouverte de planches épaisses, de parquet, de briques rouges, de damiers noirs et blancs ou encore de carreaux de céramique aux tons chauds, l'entrée expose un portemanteau, un trompe-l'œil, une curiosité où suspendre une collection de chapeaux de paille, une simple malle ou un guéridon. Tour à tour sas de décompression, véranda, hall ou antichambre, l'entrée marque un temps dans les allées et venues, préserve ceux du dedans d'une intrusion trop vive et invite ceux du dehors à pénétrer son intimité…

Un chemin tout tracé… Collections étonnantes de buis taillés et d'herbes aromatiques pour une entrée en matière de rêve.

UNE ENTRÉE DANS LA CONTINUITÉ

Décorer son entrée, c'est décorer un espace de transition. Et pourtant, elle est à elle seule chargée d'une atmosphère qui est celle de la maison tout entière.
Créer un lien visuel entre l'entrée et les pièces qu'elle dessert, évite le sentiment de cloisonnement.
Il suffira de conserver à l'ensemble du rez-de-chaussée le même revêtement de sol (dallage de pierre, carrelage ou parquet), sans jouer la démarcation.
Les tons neutres et les teintes claires s'harmoniseront parfaitement, laissant le soin aux encadrements des portes et aux plinthes d'apporter la touche de couleur souhaitée. Sources de lumière, les portes vitrées qui séparent l'entrée du jardin ou de la salle à manger maintiendront une communication permanente entre l'extérieur et l'abri chaleureux du foyer.

Simplement ravissante... Une porte-fenêtre (ci-contre) surmontée de sa marquise s'ouvre sur un superbe jardin.

Coquillages et fond blanc pour l'entrée de cette maison charentaise (page de droite) ponctuée de clins d'œil à la mer, aux oiseaux et à l'été.

DES ENTRÉES INÉDITES

Quand on n'entre pas de plain-pied dans la pièce à vivre, l'entrée de la maison de campagne devient le lieu idéal d'une mise en scène inattendue. Tous les aménagements deviennent possibles et tous les matériaux envisageables.
Si elle est étroite, on utilisera l'espace efficacement en entreposant bottes en caoutchouc, raquettes de tennis, paniers de fleurs séchées ou outils de jardin, sur des étagères fixées aux murs. Plus spacieuse, on pourra choisir le dépouillement, laissant à la double porte épaisse, très répandue dans les vieilles maisons de campagne, le soin de protéger du froid.
Pour rompre avec la perspective d'une entrée tout en longueur, de lourds rideaux, suspendus à une arcade, viendront marquer la séparation entre les pièces communes, les chambres et la cuisine. Un tapis ou une natte épaisse jetés à même le sol compléteront le décor d'une entrée, qu'elle soit chargée d'objets hétéroclites ou simplement flanquée d'un fauteuil d'époque, sagement posé dans un angle et témoin silencieux des allées et venues.

DERRIÈRE LA PORTE ENTROUVERTE… CI-DESSUS, À GAUCHE, ON A FIXÉ DANS L'ENTRÉE UN ÉTROIT PORTEMANTEAU SURMONTÉ D'UNE BOÎTE À CHAPEAUX.

À ROYAN, UNE ENTRÉE MAJESTUEUSE (CI-DESSUS, À DROITE), DANS SA FACTURE D'ORIGINE, NOUS PRÉSENTE SON ESCALIER SCULPTÉ DANS LA PIERRE BLANCHE.

Sous un volume vertigineux, un salon-véranda (ci-dessus, à gauche) contemple une structure verre et fer séparant la pièce à vivre de la terrasse.

Entre ciel et terre. Ci-dessus, à droite, une architecture inédite et contemporaine pour ce jardin d'hiver niché en Île-de-France.

Sur une note rustique et raffinée (ci-contre). Un dernier coup d'œil, avant de plier bagage, sur l'entrée de cette maison des bords du Lac d'Annecy. Forte présence du bois pour mieux souligner l'esprit campagne.

En Touraine, un bel exemple de restauration qui a su conserver le style originel.

Version tour de château, l'escalier dessine un mouvement et rend fluide l'accès à l'étage.

CIRCULATIONS

Espaces intermédiaires de mouvement et de transition, les couloirs, paliers, niveaux et escaliers (anciennement échelles de meunier) donnent accès aux étages qui mènent souvent à d'anciennes dépendances réhabilitées. Sous leur haut plafond, ces dégagements, les plus fréquemment empruntés de la maison, libèrent l'accès aux chambres et desservent les différentes parties de la maison : notamment la pièce à vivre de belles dimensions, attenante à la cuisine ou séparée d'elle par un couloir, ou encore réunie à celle-ci dans un seul et même volume.

Plus haut, les chambres, greniers, mezzanines ouvertes ou à peine closes ; plus bas, les caves et les buanderies. Au cœur des grandes maisons de campagne, ces traits d'union, qui sont comme des respirations ou sources de fraîcheur l'été, sont la plupart du temps sommairement aménagés d'un mobilier léger, pour faciliter la libre circulation. On choisira les matières de leur décor en fonction de leur charme mais aussi de leur solidité.

Autour de l'escalier, la pièce, dite « de passage », prend enfin toute sa dimension en permettant d'évoluer en pleine liberté et à tout moment. Et partout, au-dedans comme au-dehors, des matériaux, qu'ils soient du cru ou importés au gré des technologies nouvelles, qui nous inspirent la douceur de vivre et la force de l'intemporel.

Pour évoluer de long en long, circulez, il y a tout à voir…

L'ESPRIT NATURE : UNE TERRASSE AU BORD DU LAC (PAGE DE GAUCHE), QUI CONJUGUE LE CONFORT ET LA SIMPLICITÉ DES MATIÈRES BRUTES.

À ROYAN ENCORE… (CI-DESSUS) ON A LAISSÉ AUX MURS LEUR ASPECT DÉCRÉPI POUR CONSERVER AU LIEU TOUT SON CACHET. UNE MISE EN SCÈNE QUI JOUE LE RAFFINEMENT DANS LA SOBRIÉTÉ.

DANS LA RÉGION LYONNAISE (CI-DESSUS), LE ROUGE VIF DE CET ESCALIER DE BOIS ILLUMINE UNE MONTÉE NATURELLEMENT SOMBRE AVEC, À MI-CHEMIN, UN REBORD DE FENÊTRE OÙ SONT EXPOSÉS DEUX BUSTES.

INDISCRÉTION DE COULOIR… À L'ÉTAGE DE CE MANOIR NICHÉ EN CÔTE-D'OR (CI-DESSUS, À DROITE), UNE ENFILADE DE PLACARDS EN BOIS BRUT LIBÈRE TOTALEMENT LE PALIER ET S'HARMONISE AVEC UN PLANCHER AUX TEINTES CLAIRES.

UN HABILLEMENT IDENTIQUE (CI-CONTRE). PARMI CES TROIS PORTES, UNE SEULEMENT OUVRE SUR UNE CHAMBRE, LES DEUX AUTRES DISSIMULENT DES PLACARD (MANOIR DE TARPERON, CÔTE-D'OR).

À Nîmes, une jolie frise au pochoir (en haut, à gauche) mène sa danse régulière le long du couloir de cette maison de famille.

« Serpent »… Une vague noire, sur fond de mur blanc (en haut, à droite), contraste avec les lignes droites et régulières du plancher en bois clair vernis et la balustrade en métal aux lignes rigoureuses.

Création… Ci-contre, un escalier qui ne touche pas les murs et se dresse au centre d'une structure digne d'un conte (Le Bourget-du-Lac, en Savoie).

LE SALON

Propice à la détente, le salon des maisons de campagne se réserve les moments où l'on choisit de se poser, simplement. Loin des activités intenses et mouvementées du dehors, ou du calme absolu des chambres, on prend, au salon, le temps de s'asseoir confortablement et d'écouter la maison vivre. Coin télé, coin cheminée, le succès du salon tient essentiellement au soin apporté à son ameublement. Peuplé de livres, de tapis, d'objets chinés ici et là ou rapportés de pays lointains, ou encore totalement dépouillé, le salon s'accommode à ravir du mélange des styles. Rustique ou contemporaine, quelle que soit la manière dont elle se conjugue, la convivialité reste l'atout majeur de cette pièce commune où l'on goûte de vrais moments d'intimité.

Au Nord de la France, un salon qui a pris le parti des couleurs franches et toniques. Au centre, un lit de fumerie d'opium a été détourné en table basse.

Afin de se libérer au mieux des contraintes ménagères que posent les vastes intérieurs, on privilégiera pour les sols des pièces principales des matériaux faciles d'entretien adaptés à l'existence à la campagne. Au-delà de l'aspect fonctionnel, et pour des raisons esthétiques, on n'utilisera que le bois, la pierre, la tommette ou le carrelage pour les sols de ces pièces auxquelles ne conviennent que les matières brutes. Ce seront celles répandues dans la région et produites dans des carrières avoisinantes ou bien celles que l'on importe par le biais d'un penchant naturel qui nous pousse à aimer le parquet, la pierre blanche, la terre cuite ou les pavés de mosaïque.
Même tendance pour les murs, laissés nus ou chaulés et les charpentes visibles des toits, qui viendront contraster admirablement avec des meubles conçus pour des intérieurs plus cossus. Le mariage d'une base brute, et d'un ou plusieurs éléments mobiliers et décoratifs tranchant radicalement avec les matériaux d'origine, joue souvent en faveur de l'impression générale et confirme les vertus du mélange de l'ancien et du contemporain.

Contemporain. L'escalier métallique (ci-dessus) est flanqué de sa rampe en bois brut. Il donne le ton de ce salon alliant bois, blanc et couleurs.

Mélange des cultures (page de gauche) : sur une chape de ciment, on a jeté un grand tapis marocain et flanqué une table à jouer de chaises « Fourmi ». Ce mélange insolite qui veut éviter l'uniformité, séduira les amateurs de paradoxe et les éternels chineurs, qui décorent leur intérieur au rythme de leurs coups de cœur.

L'ESPRIT DES MURS

Plus qu'un simple fond, les tons et les matières choisis pour recouvrir ou restaurer les sols et les murs participent grandement à l'atmosphère d'une pièce. Choisir savamment l'esprit et les composantes du duo sol-mur, simplifie l'art du décor. Murs patinés et plancher peint recouvert d'une natte ; carreaux de terre cuite et murs blanchis à la chaux ou encore parquet ciré et peinture murale (sable, crème ou terre de Sienne) rehaussée d'une tapisserie d'époque : si les matériaux sophistiqués ne s'adaptent pas à tous les types de sols, des matériaux simples peuvent servir des concepts élaborés. L'attrait des intérieurs campagne provient en grande partie de leur beauté naturelle.

Une fois définis les revêtements des sols et des murs, on deviendra son propre metteur en scène. Assemblés au petit bonheur ou délicatement agencés, les meubles viendront se poser naturellement, jouant les contrastes des matières, l'éclectisme ou la continuité.

DÉTAIL D'UN MAGNIFIQUE VOILAGE ANCIEN EN DENTELLE (PAGE DE DROITE), DANS UNE DES PIÈCES DU CHÂTEAU DE THOIRY, EN ÎLE-DE-FRANCE.

À L'ANGLAISE... CI-DESSOUS, LES MEUBLES, LES DOUBLES-RIDEAUX ET LES LUMINAIRES S'ACCORDENT AVEC L'ARCHITECTURE CLASSIQUE DE CE SALON JAUNE ET BLANC.

DE BRIC ET DE BROC

Au fil du temps, la maison se remplit d'objets nouveaux, cadeaux, coup de cœur, chinés qui, un à un, trouvent un coin où loger… Après quelques années, livres, disques, crayons, cendriers, bougeoirs, vases ou boîtes à pilules deviennent parfois si nombreux, qu'on ne sait plus où les ranger… On retrouve au salon tout un peuple d'objets nomades, ceux que l'on aime garder à portée de main.

Bibliothèques, étagères, dessus de meubles et rangements improvisés sont les bienvenus, si l'on veut éviter un sentiment d'encombrement – à ne pas confondre avec ces désordres nonchalants qui font la vie des maisons.

L'armoire à deux battants, dont on aura ôté les portes, offre l'intérêt de contenir beaucoup tout en exposant au regard certains de ces objets plus ou moins précieux, plus ou moins ordinaires. Un guéridon accueillera lampe ou bougeoir, créant ainsi une respiration discrète et utile.

Pour les journaux, magazines et autres matières dont la durée de vie est éphémère, rien de tel qu'une niche à même le mur ou un renfoncement, comme par exemple, sous une cheminée. Durables ou temporaires, ces milles et uns objets rompent avec la rigidité des pièces musée dont le décor semble figé à tout jamais, et participent joyeusement à l'atmosphère de ces salons qui refusent l'inertie et la monotonie.

Au Vésinet (page de gauche), une maison inspirée des maisons californiennes signe un hommage à l'architecte Franck Loyds Wright. Ici, la cheminée en tôle, brique et pierre, allie le magnétisme du feu et le charme des matériaux bruts.

L'antre du chercheur… (ci-contre) Un voyage immobile à bord de ce salon dont les étagères en bois exposent au regard les passions de son propriétaire : entre géographie, chimie, livres anciens et instruments de mesure.

Un bureau-bibliothèque digne d'un jeu de « Cluedo ».

Encres, aquarelles et buvards d'antan posent pour la photographie sur un secrétaire qui perdrait à être trop soigneusement rangé.

UN LIEU D'EXPRESSION

Salon de chineur, chargé à foison d'objets disséminés ; salon au naturel, tout juste meublé pour mieux souligner l'éloquence d'une architecture régionale… Il est l'endroit rêvé pour exposer une collection, mettre en valeur une série de toiles, un miroir ou des livres rares. Ces éléments chargés d'histoire, de souvenirs ou d'émotion, assemblés selon un thème ou, façon boutique d'antiquaire, en vrac, donnent le ton du décor. Rebords de cheminée, étagères, plateaux de commodes en marbre ou meuble de métiers, tous les supports, usuels ou détournés, servent à mettre en avant ces objets de valeur et d'origine diverses, qui devront s'accorder par l'esprit, les nuances et le nombre, aux sols, tapis, tissus et tentures.
Le salon, véritable lieu d'expression, préférera aux aménagements purement fonctionnels et aux teintes froides, une disposition originale des meubles principaux, tenant compte de la direction de la lumière. Des rappels de couleurs suffiront à harmoniser un sol en terre cuite et un plaid multicolore. Ainsi mis en scène, chaque objet prendra sa dimension propre en harmonie avec les autres, sans jamais rompre avec la cohésion d'ensemble.

CHEZ UN COLLECTIONNEUR… (CI-DESSUS) ACCUMULÉES AU FIL DES ANNÉES, CES PIÈCES RARES, JASPÉS ET CLOISONNÉS, ONT FINI PAR ENVAHIR TOTALEMENT UN PLATEAU DE MARBRE REHAUSSÉ D'UN MIROIR « PIQUE ASSIETTE ».

NATURE MORTE ET MUGUET (PAGE DE DROITE). SUR UN NAPPERON BRODÉ D'ANTAN, UNE CARAFE, UN VASE ÉMAIL ET ARGENT ET DEUX PETITS VERRES EN CRISTAL POSENT SAGEMENT POUR LA PHOTO.

Au bord du Lac du Bourget (page de gauche), les lambris jaunes contrastent avec les touches de bleu dans l'esprit sud-américain.

Détail du sol : tout bois et cannage pour un revêtement au naturel (ci-contre).

Classique contemporain. Ci-dessous, meubles de style, sol en pierre, rayures bleues : l'élégance dans la simplicité.

Capitonné...
Ci-contre, une belle gamme de nuances pourpre et vert bouteille habille un salon de campagne qui ne renonce pas au raffinement. Tissus en cachemire pour recouvrir les sofas et table basse en fer forgé, à l'heure du thé, que l'on prendra dans un service en porcelaine anglaise chiné.

Détail d'un bras de fauteuil grand-mère (ci-dessus), entièrement recouvert d'un drap brodé dans le blanc.

Ouvert sur la cuisine, un salon (ci-dessus, à droite) sobrement décoré d'un canapé de couleur pour la note gaie.

Dans un chalet près de Chamonix (page de droite), une ambiance « country » américaine qui privilégie les matières et les teintes chaudes.

Sur fond de pierre apparente (page de gauche), la cheminée au manteau sculpté répond, avec raffinement et sans fioritures, à un vieux fauteuil club conservé intact.

Typique du Châtillonais (ci-dessus), une cheminée haute et étroite datée du XIXe siècle.

Place à l'Afrique : une table en bambou (ci-dessus) est surmontée d'un miroir tressé et d'un plateau de bois peint en guise de toile. Une composition sans cérémonie.

Le feu fascine, réchauffe le corps et apaise l'esprit… Dans le poêle ou dans la cheminée, grand classique des maisons de campagne, il reste l'éternel compagnon des moments de détente. Et si l'on souhaite se démarquer du foyer traditionnel rien de plus simple… il existe notamment une gamme très étendue de cheminées contemporaines. Malgré de nombreuses innovations (technologiques et esthétiques), elles conservent le charme de leurs grandes sœurs, en diffusant ingénieusement la chaleur dans toutes les directions et à un moindre coût.

Un revêtement d'acier inoxydable, entouré de faïences colorées, habillera élégamment la cheminée d'un salon au caractère ethnique.

Pour les adeptes du style minimaliste, une cheminée asymétrique à portes coulissantes attisera des feux rougeoyants.

Enfin, à mi-chemin entre hier et aujourd'hui, on choisira parmi des modèles ultramodernes, une cheminée avec vitres de protection à fermeture automatique, qui ressemblera à s'y méprendre au vieux poêle d'antan. Bois sculpté, pierre ou acier… Toutes ont leur place dans ces pièces qui cherchent, entre tradition et modernité, à perpétuer un délicieux rituel.

Réhabilitée, cette ancienne grange (ci-dessus) est devenue un salon.

Densément meublé... Un bureau de l'administration américaine (en haut, à droite) s'entretient avec une bibliothèque contemporaine.

Un travail d'orfèvre... (ci-contre) Celui-ci se nomme Emmanuel Rey et signe ce salon qui a le sens des proportions (sur le lac du Bourget).

Barbotines et vases jaspés (page de droite) cohabitent en toute quiétude avec des tableaux représentant, tous, des maisons.

Styles d'ailleurs… Fauteuil-voiture et cheminée d'inspiration latino-mexicaine sont plantés sur un plancher aux larges lattes décapées.

Au pied d'un escalier flanqué d'une main courante sans balustrade, deux vieux « clubs » rescapés attendent leurs propriétaires.

RAJEUNIR SA MAISON...

Si des travaux de rajeunissement s'imposent, dans le cas par exemple d'une acquisition dans l'ancien, un peu d'imagination et d'audace sont de mise. Recouvrir un vieux fauteuil club ou un canapé d'un autre âge, avec un tissu lourd, jonchant le sol ; préférer les matières naturelles pour un toucher agréable ; garnir une fenêtre de taffetas jaune, vert émeraude ou violet... Égayer son intérieur par de simples touches de couleurs, en créant ainsi des jeux de lumière se réfléchissant sur les panneaux de rideaux non doublés, pour un style plus décontracté. Même chose pour les surfaces extérieures : selon ses goûts, on peuplera les jardins et les terrasses de mille et une cultures en pots, peints pour l'occasion dans des gammes de couleurs de son choix, mais en tenant compte de leur « look » naturel (rieur, romantique ou sauvage...) Mélanger plutôt qu'assortir, sans se ruiner, reste une excellente recette décorative pour rajeunir un intérieur qui, ainsi transformé, ne ressemblera à aucun autre.

SUR LES BORDS DU LAC D'ANNECY (PAGE DE DROITE), UNE CHEMINÉE, CHINÉE CHEZ UN RÉCUPÉRATEUR DE MATÉRIAUX, SEMBLE AVOIR TOUJOURS ÉTÉ LÀ.

AMBIANCE ETHNIQUE POUR CE SALON DE VOYAGEUR (CI-DESSOUS), SPÉCIALISTE DU COUP DE CŒUR AU HASARD DES BROCANTES LYONNAISES ET PARISIENNES.

LA SALLE À MANGER

Pièce principale, la salle à manger servait autrefois de chambre et de cuisine. Les maisons rurales et modestes ne comportaient en fait que deux pièces : l'une pour la famille, l'autre, attenante à la première, étant réservée aux animaux. Grands-parents, parents et enfants y vivaient ensemble. Aujourd'hui, elle est restée le centre de gravité de la maison, et le lieu de la plus dense circulation des êtres et des objets.

Point de ralliement, on gagne la salle à manger par l'entrée, la cuisine, le salon, la terrasse ou le jardin attenant. Ses dimensions, le plus souvent importantes, lui valent d'être par excellence la pièce commune.

À l'ancienne et de bois vêtue, ou dans sa version contemporaine, elle affiche sa personnalité grâce à une table et quelques chaises (de type bistrot en fonte, paillées ou sièges cannés...) et demeure par l'esprit, la pièce où se retrouvent toutes les générations.

DATANT DU XVIe SIÈCLE, CETTE ROBUSTE CUISINE D'UN CHÂTEAU DANS LES DOMBES (SAVOIE) EST ÉGAYÉE PAR DES TISSUS BRAQUEMIÉ ET UNE COLLECTION DE CUIVRES.

UNE PIÈCE MODULABLE

Autrefois, elles contenaient traditionnellement l'âtre, et rassemblaient en un même lieu l'espace où l'on cuisine et celui où l'on mange. Dans les demeures de l'ancienne noblesse, les salles à manger, comme on en verra plus loin, sont des pièces exclusivement réservées aux repas. Aujourd'hui, pratiques et belles, elles s'ouvrent volontiers sur un salon (dont elle sont parfois séparées par un mur de placards et de tiroirs allant du sol au plafond), une cuisine ou une terrasse, en créant un nouvel espace de circulation psychologique et physique.

Par un jeu de volumes et de niveaux, la salle à manger est reliée aux autres pièces mais à des hauteurs et dans des géométries différentes.

Pièce unique, sans cloison, elle laisse le champ libre au mouvement et occupe en grande partie le rez-de-chaussée. Quintessence du style rustique ou figure libre, elle fait une place d'honneur à la table.

OUVERTURE (PAGE DE DROITE). PLEIN DANS SA PARTIE BASSE, UN MEUBLE FAIT LA TRANSITION ENTRE CUISINE ET SALLE À MANGER. UNE MANIÈRE ORIGINALE DE SÉPARER SANS CLOISONNER.

ICI ET MAINTENANT : CI-DESSOUS, UNE COMPOSITION HAUTE EN COULEURS POUR UN SALON-SALLE À MANGER TOUT EN LONGUEUR ET ULTRACONVIVIAL, AUX ACCENTS CONTEMPORAINS.

VARIATIONS AUTOUR DE LA TABLE

Le sens des proportions (ci-dessus). Un volume original qui combine la fonctionnalité et la convivialité de la grande table ronde. Stores vénitiens, lampe plongeante et chaises-bistrot créent une ambiance feutrée et rassurante.

Meuble de prédilection de la pièce principale, la grande table familiale en bois est pour beaucoup dans l'esprit de la salle à manger campagne. Ronde quand l'espace au sol contraint, par ses dimensions, à un gain de place, elle est traditionnellement plutôt longue et rectangulaire.

Entourée de chaises-bistrot ou d'une banquette, elle-même placée contre un mur, elle se présente aussi flanquée de ces deux bancs d'église, figurant ainsi les tables de campagne où de nombreux convives peuvent prendre place, sans se sentir pour autant à l'étroit.

Simplement orné d'un bouquet de fleurs, d'un bouquet de branches (gui, aubépine, lierre et chèvrefeuille), le plateau, large et massif, pourra aussi bien rester nu. Original, le meuble de métier, comme cette table de drapier détournée de son usage premier, fera une table spacieuse.

Combinée à un buffet garni d'une lampe à éclairage tamisé ou situé près d'un bar, à la manière des cuisines américaines, la table est à elle seule un chef d'orchestre, ponctuant et rythmant la vie dans ces salles à géométrie variables.

L'art de mélanger les genres (ci-dessus) : une table de drapier flanquée de chaises Berthoia (dites « Cages à poule ») réussit la rencontre des styles et des provenances éloignés.

Vu du bar... (ci-contre) Ce ne sont pas les parois, mais les meubles qui divisent l'espace.

Cachet et simplicité, pour cette cuisine de ferme (ci-dessus), près de Lyon. Pierre de taille et plafond bas pour une pièce conservée dans son état d'origine. La table est faite de simples planches de chantier.

Un tableau d'André Blanchet (page de gauche), architecte amoureux de l'île de Ré, surmonte un plan de travail agrémenté de petits carreaux de mosaïque.

Chêne, orme (pour les plus durs), pin, hêtre, sapin, érable ou mélèze… C'est grâce à ses propriétés structurelles et esthétiques que le bois joue, depuis toujours, un rôle fondamental dans la maison. Depuis la nuit des temps, on l'utilise pour édifier des charpentes, poser des revêtements (placages et lambris), fabriquer des meubles, des boiseries, des éléments de décor ou ustensiles de cuisine. De la plus imposante construction au plus simple objet de la vie quotidienne (cuillère en bois, rouet, planche à découper, mais aussi jouet, cadre, crayons…), les multiples domaines d'application du bois en font l'élément le plus présent des maisons de campagne.

Peintures, badigeons et vernis sont autant de techniques décoratives qui transforment l'aspect naturel de ce matériau, prépondérant dans les zones rurales densément boisées. Malgré la grande variété de ses teintes, profils, grains et textures, l'encaustique naturelle (huile de lin) et la patine des ans restent le meilleur traitement du mobilier en bois. À éviter : les vernis à base de polyuréthane épais, qui l'empêchent de respirer et lui donnent, avec le temps, un aspect jaunâtre.

RETOUR AUX SOURCES

En pleine montagne. Prolongée par la terrasse (ci-dessus) et bénéficiant d'une luminosité maximale grâce à ses baies vitrées, une salle à manger traditionnelle dans un volume contemporain.

Entre campagne et montagne (page de droite), la pièce principale nous présente ses lambris vernis et ses rideaux écossais.

Le point de convergence des visions contemporaines et traditionnelles des salles à manger campagne réside sans doute dans leur approche commune de « l'indispensable ». L'espace, ainsi pensé, est alors vidé des objets qui viendraient l'encombrer, sans que soit justifiée leur présence. Architecte de son propre intérieur, on réfléchira, avant de songer au décor, à la fonction des meubles et à leur usage, déterminant ainsi leur nombre et leur position dans chaque pièce.

Une belle pièce à vivre doit souvent son charme à notre sens des proportions. Charger inutilement les pièces destinées à recevoir moult personnes, pèse sur notre perception de l'espace et sur la fluidité des circulations.

Autre élément déterminant : les sources de lumière naturelle. Elles traversent les pièces pour mieux mettre en valeur ces meubles dans leur fonction première : table, buffet deux corps rempli de vaisselle, placard, chaises (bistrot, en rotin ou « design »), tabourets. Qu'ils occupent un coin de la cuisine ou une pièce de réception, ils ne demandent qu'à être habilement disposés, pour signer un décor convivial, en toute sobriété.

Mariage, anniversaire... Aujourd'hui est un grand jour (Boutique Baroco, Lyon).

GRANDE DEMEURE : MEUBLES DE STYLE, TAPISSERIE MURALE ET SERVICE ANGLAIS POUR UN INTÉRIEUR RAFFINÉ.

LE PLAISIR DES YEUX

Sur une nappe immaculée (ci-dessus), une figure raffinée des repas de fête.

Au château de Saint-Paterne (page de gauche), on a sorti l'argenterie et le cristal au beau milieu d'une composition florale, qui évoque le décor des assiettes.

Les armoires des maisons de campagne abritent souvent des services de table réservés aux grandes occasions. On les tient pour des biens de famille, cadeaux de mariage ou antiquités acquises au gré des brocantes. Ciselés dans des matériaux nobles et fragiles, le cristal, l'argent, la porcelaine… ils ont une valeur matérielle dont la qualité ne s'altère pas avec le temps. Mais c'est à leur présence, dans des moments symboliques de l'existence, qu'ils doivent toute leur valeur sentimentale.

Toujours vêtus de leur nappe, traditionnellement brodée et assortie aux serviettes de table, ils apparaissent les jours de fête. Une fois la cérémonie achevée, et avec d'infinies précautions, assiettes, verres et couverts sont soigneusement lavés et essuyés avant de regagner leur antre.

PROMENONS-NOUS DANS LE BOIS

Tête à tête (page de droite). Chaises, table et photophore du début du siècle. Cheminée en pierre sculptée (XIIIe siècle). Placard aux portes badigeonnées.

L'épreuve du temps… Dans cette magnifique salle à manger du château de Thoiry (ci-dessous), chaque pièce est d'époque et datée du XVIIe siècle.

Si les styles régionaux sont aussi nombreux que les provinces de France, ils reflètent tous des particularismes locaux, que l'on intégrera au décor pour enrichir l'esprit des lieux. Les meubles sont de récupération, traités et rénovés, ou au contraire laissés en l'état d'origine. Les uns sont, tout au long de leur histoire, demeurés très rustiques (Bretagne et Auvergne), d'autres se sont affinés et ont ainsi acquis des qualités très voisines de celles des grands styles (Bourgogne, Normandie). Tous les bois sont très largement représentés avec une préférence pour le pin, l'aulne, le merisier.

L'ameublement régional, peu diversifié, ne comprend à la base que des meubles usuels, élémentaires : sièges, lits, tables, buffets, armoires, bonnetières et coffres. Toujours très ornementés, de lignes basses et souvent lourdes, les coffres notamment faisaient la fierté de leurs propriétaires qui y attachaient un grand prix. Véritables bijoux en matière d'ébénisterie, jusqu'à la fin du XIXe siècle, ils sont restés d'indispensables cadeaux de mariage…

Un décor simple. Ci-dessus, quelques toiles veillent sur une table ronde, un buffet et la vaisselle sortie des placards.

INTÉRIEURS CAMPAGNE

Fer et bois : sur le buffet (ci-contre) qui tranche sur fond de mur blanc, une collection de bougeoirs et verres mercurisés.

C'est l'entente parfaite (page de droite, en haut) entre ce meuble de métier revisité et cette table en zelliges marocains (mosaïques de carreaux en terre cuite).

Sangles tressées pour ces dossiers de chaises signés par la décoratrice Triffie Hout.

LA CUISINE

Tout s'organise autour de la cuisine : préparation de repas de fête ou de repas quotidiens ; petits-déjeuners en famille, retrouvailles autour d'un café, discussions entre amis, préparation des confitures ou épluchage des légumes…

Si, faire la cuisine est parfois une corvée pour les citadins n'ayant à leur disposition qu'un espace restreint, il en est tout autrement à la campagne, où le cérémonial culinaire rythme les journées et anime la maison en la remplissant de ses effluves odorants.

L'enjeu consiste à vivre au présent, sans rompre avec les traditions ancestrales. Ici, le voyage compte autant que la destination et invite tous nos sens à l'éveil…

De belles dimensions, une cuisine parfaitement équipée qui perpétue avec sa table en bois et ses poutres apparentes l'esprit campagne.

AU FIL DES JOURS

JOYEUSE RIBAMBELLE… EN CHARENTES (CI-DESSUS), UNE COLLECTION DE RÉCIPIENTS D'ANTAN EN FER BLANC, SUSPENDUS À DES CROCHETS MÉTALLIQUES, ANIME UN MUR DE PIERRES SÈCHES.

LE TEMPS RETROUVÉ : DANS LES DOMBES (PAGE DE DROITE), ON A CONSERVÉ L'ÉVIER TAILLÉ DANS UN SEUL BLOC DE PIERRE.

C'est la pièce entre toutes, vitale et revitalisante, de la maison de campagne aux matinées bien remplies. Du premier levé au retardataire ensommeillé, c'est un ballet permanent autour de sa table. Dans sa version « cuisine d'antan », une grande table de ferme et des rangements apparents où sont exposés au regard, vaisselle et produits du terroir ; un habillage chaleureux ressuscitant l'esprit de ces cuisines, aux fourneaux toujours en activité, qui peuplent nos souvenirs d'enfance. L'évier joue lui aussi un rôle essentiel dans la pièce : taillé dans la pierre ou bloc d'émail, on le choisira de préférence large et profond afin d'accueillir les récipients de grande taille pour satisfaire de joyeuses tablées.
Marmites, casseroles et cuivres, qu'ils soient au repos ou en pleine activité, sont autant des outils de travail que des éléments du décor. Des étagères, ou un vaisselier artisanal dont on aura ôté les portes, serviront de présentoirs à ces ustensiles qui constituent à eux seuls la décoration de la cuisine.

Ci-dessous, détail d'un dossier de chaise en tôle, sur fond de meuble de grainetier. Un autre exemple de mélange de matières froides et chaudes, propice aux intérieurs campagne revisités au goût du jour.

Contrechamps de la photo de la page 71 (page de droite). De plain-pied... Un accès supplémentaire à la cuisine, séparée de la salle à manger par un meuble riche en rangements assorti, par ses couleurs, aux poutres et carreaux de faïence.

Loin des intérieurs « design » et des batteries en aluminium, la cuisine idéale des maisons de campagne un peu nostalgiques, mais qui refusent de s'appesantir (avec le temps, les modes ont sensiblement évolué en matière de décoration), se peuplera d'objets redescendus des greniers ou acquis lors de brocantes dominicales.

Les carrelages sur les murs et les sols pourront être coordonnés, tandis qu'une frise à motifs rappellera la teinte des meubles de rangement.

Le bois est l'élément dominant, mais la tôle, les verres, les bocaux de conserves, les faïences et les poteries trouvent sans peine leur place, dans ces cuisines décidées à innover par elles-mêmes, hors des courants trop sectaires. Leur présence, souvent émouvante, ressuscite le passé, maintient le fil de l'enfance en rendant une seconde vie aux objets et aux tendances oubliées. Cuisine à vivre, elle saura préserver son charme en alliant caractère pratique et dimension esthétique.

HEINZ'S
ONE DOZ
PEARLS
Walkers
pure butter shortbread
highlanders
Fluffy
Tested
Flour
SINCE 1837
BOUZIE-BRAY
COMMERCY
Confectionery
LU
BORWICK'S
BAKING POWDER
QUEENSBERRY'S
LA QUIBERONNAISE
Sardines
A L'HUILE D'OLIVE
Chacun sa part...
BISCUITS
BROSSARD
nutella
FERRERO
AMORA
POIVRE VERT

CUISINES D'AUJOURD'HUI

Dans la lumière… Ci-dessus, un coin évier sobrement étayé d'un égouttoir en fer forgé.

Une vie intérieure… (page de gauche) Les objets de tous les jours côtoient des boîtes à biscuits de collection.

Dans une version plus épurée de la cuisine, on mettra en valeur quelques objets usuels, choisis dans des matériaux contemporains et cohabitant avec un mobilier ultrafonctionnel. C'est une cuisine qui allie un attachement à des valeurs morales et un souci de vivre avec son temps, dans un espace capable de satisfaire les deux aspirations, sans qu'aucune n'entre en conflit avec l'autre.

Les courants, comme les écoles d'architecture, se penchent sur cette demande contemporaine, qui cherche ses réponses au carrefour de la beauté, de la qualité et de la fonctionnalité. Comme en témoignent un chalet niché à même la roche des Dombes de Savoie ou bien un intérieur charentais transformé de fond en comble, la recherche esthétique tend les bras au progrès technologique. Concevoir sa cuisine, en empruntant aux artisanats locaux et aux techniques industrielles, permet à la fois de préserver l'esprit d'antan et d'innover.

SUCRÉ-SALÉ... LE TEMPS DU PETIT-DÉJEUNER COPIEUX, UNE SCÈNE ESSENTIELLE DE LA VIE QUOTIDIENNE EN CAMPAGNE.

Gros plan sur une collection de cuillères en écaille chinées de-ci de-là.

La cuisine rustique comporte des éléments de mobilier très recherchés chez les brocanteurs et les antiquaires. Hérités du temps passé, ils sont fortement rattachés à l'imaginaire campagne (vaisselier, bonnetière, garde-manger grillagé, armoire à vaisselle familiale et cuisinière ancienne).
Sous la charpente vieillie d'un ancien corps de ferme, la cuisine au gaz peut côtoyer la cuisine au feu de bois pour le plaisir de tous. Çà et là, casier à légumes en osier, batterie de cuisine, vaisselle ancienne et bocaux de condiments ou d'épices ajoutent aux quatre coins de la pièce, de multiples touches de couleurs. Les étagères murales abriteront les bols du petit-déjeuner et les ingrédients nécessaires à l'élaboration des repas quotidiens. Ouverte sur l'extérieur, la cuisine bénéficie de la lumière naturelle qui renforce l'éclat de ces nombreux ustensiles tandis que des rangements sont aménagés sous des plans de travail afin de profiter de tous les espaces et recoins.

AU PREMIER PLAN (CI-DESSUS), LES PORTES DU PLACARD DE CETTE CUISINE DES CHARENTES SONT RECOUVERTES DE GRILLAGE, ET RAPPELLENT LES TRADITIONNELS GARDE-MANGER SI RÉPANDUS EN CAMPAGNE.

UN UNIVERS CHARGÉ (PAGE DE DROITE), DENSE ET CHALEUREUX POUR UNE VÉRITABLE CUISINE À L'ANCIENNE.

LA VIE CHANTE

Une cuisine de campagne se doit de s'adapter aux règles de sécurité relatives aux installations électriques et aux projections d'eau inévitables. Carreaux, céramiques, granites, marbre sont d'usage pour les surfaces proches des éviers et des plaques de cuisson. Les plans de travail seront choisis dans des revêtements lavables, peu fragiles et faciles d'entretien.
Massif ou en plaquage, un bois stratifié, comme le pin, est couramment utilisé pour les placards et les éléments de rangements. Si le bois est peint ou naturel, il acceptera toutes les fantaisies et les choix décoratifs, comme les frises (découpées, peintes), ou les motifs au pochoir. Garnis d'épices, de fruits, de condiments, les bocaux de faïence et les pots à confiture sont les éléments indispensables d'une véritable cuisine de campagne.
De la cuisine équipée aux cuisines de conception plus libre, il n'y a qu'un pas, que l'on peut franchir sans hésiter, en mariant les styles pour créer la diversité et l'étonnement perpétuel.

À l'ancienne. Ci-contre, le manoir de Tarperon, en Côte-d'Or. Transformé en chambres d'hôte, il a conservé intact sa grande cuisine (cuisinière Lacanche, Arnay-le-Duc).

Idée-déco. Ci-contre, détail d'un rangement au bas du bar. Idéal pour libérer l'espace et simple d'accès.

De bois vêtue, une cuisine qui rassemble un mobilier en provenance de chez Habitat et des buffets chinés.

BISCUIT
FARINE
SUCRE
RIZ

Attenant à la cuisinière (ci-dessus), un billot de bois accueille une composition potagère.

Chaud et froid... L'évier (page de gauche) taillé dans un bloc de granite contraste avec des carreaux de couleur posés au mur (Carocim, villa Paris).

Nudité et dépouillement semblent être les maîtres mots en matière de cuisine à l'ancienne : pour le plan de travail, pierre marbrière de Vérone ayant reçu un traitement antitaches ; l'évier profond, à bac simple, est de récupération et reprend la forme de ceux d'autrefois, appelés « timbres d'office » ; tout autour, du bois, de la pierre et de la céramique. Les éviers à l'ancienne qui offrent un bac et un égouttoir en pierre se posent généralement sur un meuble bas.

Au sol, des carreaux de terre cuite jadis cirés, des marbres vieillis, de la tomette, du granite ou du carrelage (demi-grès, grès cérame). Les boiseries anciennes seront décapées, poncées et patinées pour un effet des plus rustique.

Entre les deux tendances de décoration de ces trente dernières années – bric-à-brac dépareillé et lignes futuristes inspirées des cuisines industrielles – il est possible de rénover et d'imaginer la cuisine de campagne fonctionnelle et originale. Il suffira pour cela de mélanger des éléments modernes et du mobilier fabriqué avant l'apparition des unités intégrées.

LA CHAMBRE

Du **temps** des maisons paysannes à deux pièces, la chambre des parents et celle des enfants étaient séparées par de lourds rideaux. Du fait des sols en terre battue, les lits clos étaient rehaussés. Au bas du lit, on disposait un coffre qui servait de marchepied et de rangement pour les linges et les effets personnels.

Aujourd'hui, la chambre est un lieu où intimité et tranquillité doivent être préservées. Qu'elle soit immense, faisant aussi office de bureau, ou bien de petite taille avec un grand lit pour « unique locataire », la chambre doit avant tout présenter des qualités d'isolation et de situation. Une véritable intimité passe par un calme absolu.

On préférera localiser cette pièce à l'arrière des maisons. Elle offrira ainsi à ses occupants une vue dégagée sur les extérieurs, leur donnant la possibilité de profiter de la rase campagne d'un simple coup d'œil, par la fenêtre ouverte.

Chambres de jeunes filles…
Deux lits en fer forgé sommeillent sur une pierre de pays (Mas des Arnajons, Bouches-du-Rhône).

CHAMBRES À THÈME

LA DENSITÉ SANS LA PESANTEUR...
OUVERTE SUR LA TERRASSE (CI-DESSUS), LA CHAMBRE EST SÉPARÉE DE SA SALLE DE BAINS INTÉGRÉE, PAR UNE CLOISON CENTRALE. PARURE BLANCHE ET BEIGE POUR LE LIT ET LA LAMPE.

ULTRA COQUETTE... (PAGE DE DROITE) TULLE ET MEUBLE PROVENÇAL, UNE SYMPHONIE EN JAUNE, VERT ET BLANC POUR CETTE CHAMBRE DE JEUNE FILLE AUX ALLURES ESTIVALES.

La chambre de campagne possède naturellement un caractère féminin et romantique. Elle perpétue la tradition du blanc et de ses dégradés : le linge, les édredons et les parures de lit épouseront un large lit cage ou un lit bateau pareil à ceux de nos grands-mères.
Un volume presque nu ; des murs dont on aura conservé, ou reproduit, l'aspect irrégulier et les teintes passées ; un ou deux meubles massifs (un lit catalan sculpté, une commode Louis XIII...) ; des tommettes anciennes de région... Deux ou trois oreillers ou édredons, et la chambre de campagne retrouvera son expression première de force et de douceur.

La chambre claire : plissé de la moustiquaire et lignes pures annoncent des nuits sereines.

Rien ne dépasse… Rangements horizontaux et chevet en bois naturel bordent le lit assorti aux rayures du mur.

LA CHAMBRE D'AMIS

Rares sont les maisons de campagne sans une chambre pour les amis de passage, les copains ou les cousins. Une pièce située à une extrémité de la maison, dans un coin tranquille sera le gage d'une plus grande indépendance, facilitant pour l'invité et son hôte la vie sous le même toit.
Lieu de passage, elle est habitée un temps, puis « en sommeil », fréquentée pendant les vacances ou les week-ends, puis à nouveau silencieuse… Son décor imitant sa nature, elle cherchera un juste milieu entre une totale neutralité et une trop grande personnalisation. Vaste espace sous combles ou simple boudoir de campagne, on évitera les éclairages trop directs, en leur préférant les lampes de chevet ou posées à même le sol comme les célèbres « dames-jeannes ».
Quelques meubles de région, pour une chambre au caractère campagne, un éclairage chaleureux évitant les lumières blanches et intrusives et, par-dessus tout, un lit moelleux recouvert d'un patchwork aux couleurs vives, d'un bouty anglais ou d'une épaisse broderie blanche dénichée chez un brocanteur de province.

Une tête de lit en guise de chevet… (ci-dessous, à gauche) fait une place aux livres, cachés dans une niche (couvre-lit en Bouty provençal).

Ambiance raffinée (ci-dessous, à droite) pour cette chambre aux couleurs méridionales. Un lourd tissu jonche le parquet vernis, qui rythme la pièce au gré des mouvements de la lumière.

Sous les hauts plafonds : le pur esprit campagne ressaisi dans une architecture contemporaine.

EN NORMANDIE, UNE COLLECTION DE FIGURES ORIENTALES SUR UNE COMMODE POLYCHROME.

L'ESPRIT DU LIN (PARURE BICOLORE) APPORTE UNE TOUCHE NATURELLE À CETTE CHAMBRE RÉSOLUMENT FÉMININE.

SUR LE REBORD DE LA FENÊTRE (CI-DESSOUS), UN GREFFIER ATTEND LE RETOUR DE SES MAÎTRES, MAJESTUEUSEMENT NICHÉ DANS UN ANGLE ET ASSORTI PAR SON PELAGE AU BLANC ET AU BOIS.

HONNEUR AUX COMBLES... (PAGE DE DROITE) CES PIÈCES SONT SOUVENT DIFFICILES À AMÉNAGER, DU FAIT DE LEUR VOLUME TRONQUÉ PAR LES PENTES DU TOIT. ICI, L'ESPACE A PERMIS D'ACCUEILLIR LIT, COFFRE, SECRÉTAIRE ET COIFFEUSE.

Une charpente restaurée et laissée apparente abritera les siestes d'après-midi dans la soupente de l'étage. La chambre se transforme en bureau de correspondances, garni de meubles utiles : table de chevet, petit secrétaire, un lit d'angle laissant l'espace libre pour les jeux des plus jeunes.

Dans une chambre à double usage, le canapé-lit, installé dans un angle, est souvent privilégié car il permet de gagner de la place... Pour résoudre le problème du stockage des affaires personnelles, des placards et des meubles aux rangements intégrés ou des meubles de style, rustiques et dépareillés, glanés au gré des brocantes. Dans la première solution, le lit pourra surplomber quelques tiroirs de rangement, et une cheminée accueillera sur ses flancs d'indispensables étagères.

Les teintes claires et ocres seront du meilleur effet, coordonnées aux tons bruns, beiges et sable d'un parquet au naturel. Un tapis d'appoint, en laine écrue, ou en corde tressée épousera naturellement les tons clairs des coussins de coton.

La penderie au naturel
(page de gauche) de cette chambre sous les toits a été logée dans la soupente, rétablissant ainsi le volume de la pièce.

Comme un paravent…
Un coin toilette (ci-dessus) se dissimule derrière quatre planches de bois de sciage, laissées brut. En beige et blanc.

L'élément central de la chambre à coucher étant le lit et sa parure, tout le linge de maison – taies d'oreillers, housses, draps de lit – sera entièrement coordonné, pour les chambres à thème ou pour celles qui préfèrent au mélange des styles, l'unité et le dépouillement. Si le coton et le lin sont des choix sûrs, au toucher comme au regard, il existe une multitude de tissus, aux couleurs et aux motifs variés.

Tulle, matières végétales, mousseline compléteront les parures de lit. Toiles de drap en coton de teinte unie, flanelle, coton rayé et lin pour les taies d'oreillers s'agrémenteront d'une broderie, d'un galon ou d'un ruban, pour une finition plus personnalisée.

Les coussins, qu'ils soient ronds, carrés, ou rectangulaires peuplent la chambre de leurs formes insolites. La variété des couleurs et des motifs des tissus dont on les recouvre permet de les intégrer à toutes les pièces dédiées au confort. Rembourrés de plumes, pour le côté douillet, ou de matière synthétique, pour un lavage rapide en machine, les coussins galettes habillent joliment tous les canapés d'angle.

Esprit orientaliste (ci-dessus) pour cette chambre meublée de pièces ramenées de Syrie et d'Inde.

Le mariage du blanc et du bois clair (page de droite) réussit une chambre bohème, baignée de lumière grâce à l'aménagement original et astucieux de ses fenêtres.

LUCIO SOLLAZZI

Nouvelle vie pour ces volets détournés en portes de placard.

Mise en scène d'une magnifique coiffeuse « Art Nouveau » 1920-1930.

Sous ses robustes poutres sombres (ci-dessus, à gauche), la chambre bleue vit sa vie de campagne, de l'intérieur.

Un lit à baldaquin contemporain (ci-dessus, à droite) a trouvé sa place dans cette vieille maison de famille (Chambéry).

Sous un toit de la campagne lyonnaise (page de gauche), une chambre en toile de Jouy où se font face deux fauteuils en rotin tressé.

Pour imprimer à la chambre un style rétro ou rustique… les rideaux et voilages viendront embellir l'encadrement des fenêtres, en harmonie avec le jeté de lit coordonné. Dans les intérieurs campagne, les chintz à motifs fleuris sont fréquemment employés, de même que les toiles de lin aux tons pastel et les cotonnades brodées. Ils s'adaptent naturellement aux différents types d'ouvertures (bow-windows, fenêtres cintrées, basculantes, coulissantes ou portes-fenêtres).

Les tissus destinés à la conception des rideaux offrent une palette immense quant au choix des motifs, des couleurs et des matières : tissus à rayures, moire imprimée, velours, brocart, cretonne, imprimé rustique, doupion, étamine et dentelle… Lisses, noués, jetés ou drapés, ils tamisent la lumière et créent le mouvement dans des chambres calmes et reposantes. Des bordures faites maison ou des galons décoratifs ajoutent un fini élégant et une touche sophistiquée pour parfaire un lit à baldaquin en fer, ou bien, un lit bateau avec voile et couronne (voilage fixé au plafond qui retombe et entoure le lit de chaque côté).

LA CHAMBRE D'ENFANT

Chambre pour un nouveau-né, un adolescent ou un écolier, l'important est de concevoir une pièce qui puisse évoluer en même temps que l'enfant. Celle du nourrisson s'accommodera d'un berceau, d'un fauteuil pour la maman, d'une éventuelle table à langer, d'une commode où ranger ses affaires et d'un éclairage doux.

Plus tard, l'espace se modifie. Vidé des meubles du premier âge, il devient un espace de jeu et de construction. Le bureau, à l'heure des devoirs et des activités sur l'ordinateur, s'entourera des objets préférés de l'enfant. On lui réservera désormais une armoire pour ses habits et ses chaussures, mais aussi pour ses équipements, s'il pratique un sport ou une activité artistique.

À mi-chemin entre des préoccupations pratiques et esthétiques, on évitera, pour ces chambres à grandir, les décors trop cérémonieux, en laissant une large part au mouvement et à l'imagination.

Blanc crème et bleu ciel. La jolie finition des meubles sonne comme une note enfantine dans ce décor signé Baroco.

Salle de jeux, lieu d'étude et coin douillet, l'aménagement des chambres d'enfants des maisons de campagne réclame un soin particulier et une définition minutieuse. Les solutions en matière d'aménagement tiennent largement compte de l'architecture d'origine, de la configuration de la pièce (surface, angles et emplacements des fenêtres) et de ses usages, qui sont des critères contraignants et déterminants pour le décor.

Choix ou nécessité, les parents qui décident d'installer ensemble leurs enfants se heurtent à la double difficulté de répartir harmonieusement les espaces réservés au jeu et à la création, et ceux dédiés à la tranquillité.

Que l'on cloisonne pour obtenir des espaces indépendants ou que l'on crée des espaces intimes à l'intérieur d'un espace unique, on réservera toujours aux lits (côte à côte, superposés ou disposés aux extrémités) une place de choix.

Une chambre pour la vie : de belle taille (ci-dessus), elle réunit le coffre à jouets, le bureau sur mesure, le lit, l'armoire et la bibliothèque, tout en préservant au centre l'espace des jeux. Au sol, le bleu du tapis rappelle les doubles-rideaux.

Indémodable, un lit superposé (page de droite) veille sur le petit peuple des livres, navires et figurines.

À SON ÉCHELLE…

BLEU, BLANC ET BOIS (CI-DESSUS). UNE COMPOSITION CLASSIQUE ET COLORÉE POUR UNE CHAMBRE D'ENFANTS, ASSEZ SPACIEUSE POUR CONTENIR TROIS COUCHAGES SUPERPOSÉS.

UN LIT À ROULEAUX (PAGE DE DROITE) QUI SOMMEILLAIT AU GRENIER A RECOUVRÉ SA PREMIÈRE JEUNESSE POUR LES BEAUX YEUX D'UNE CHAMBRE AUX AIRS CAMPAGNE.

Chaises, lits, bureaux ou secrétaires, armoires, commodes et coffres à jouets… Le mobilier des chambres d'enfants présente une gamme assez large de volumes, structures, matériaux et couleurs, qui vont du traditionnel lit superposé en bois peint, aux constructions contemporaines et modulables, douées pour le contraste des matières chaudes (tissus, bois) et des matières froides (tubes inox, aluminium et fer). Compagnons de chambre et témoins silencieux, les jouets sont en eux-mêmes des éléments du décor. Débordant d'un coffre, perchés ou suspendus, ils habilleront les murs et animeront l'espace.

Au sol, et pour rester dans l'ambiance sécurisante des chambres de campagne, on recouvrira d'un tapis doux sous les pieds nus, de larges planches de bois peintes. Les revêtements thermoplastiques, s'ils sont plus neutres, offrent une solution idéale pour l'entretien de ces lieux au joyeux désordre.

LA SALLE DE BAINS

Baignée de lumière ou percée d'une simple lucarne, la salle de bains campagne présente une très large gamme de styles.
Selon l'inspiration, elle traduira une interprétation toute personnelle de votre décor de bain : façon cabinet de toilette, capitonné, peuplé d'objets d'antan ; ou encore à l'ancienne, avec une baignoire en fonte dans le style début du XXe siècle.
Classique ou contemporaine, elle bénéficie aujourd'hui des progrès techniques en matière d'isolation, de chauffage et de revêtement.
En conjuguant rusticité et confort, passé et présent, elle confirme les vertus du mariage de la tradition et de la modernité.

À la romaine, pour cette luxueuse salle de bains bicolore, où chaise et desserte en fer forgé se conjuguent à merveille avec le linge blanc et la pierre vieillie.

LA DAME DE CARREAUX

Féminine, aux lignes sensuelles, la salle de bains est détente et bien-être au sein de la maison de campagne.

Ici, un lavabo sur pied ou sur colonne en fonte émaillée avec robinetterie chromée, là, une baignoire 1900 avec pieds griffés (pattes de lion), robinets anglais authentiques ou une réédition récente posée sur un socle en dur afin de dissimuler les évacuations d'eau ; à cela, ajoutez un miroir central puis quelques appliques ; vous y êtes.

Pour les carrelages muraux, on obtiendra de la brillance avec les faïences émaillées, un aspect mat avec les grès cérames et de la lumière avec la gamme des satinés. Ils pourront être rehaussés de motifs uniques ou de motifs à effet de frise. Ils seront à carreler jusqu'au bord de la surface, se terminant par un joint de bordure plastique.

Pour l'entourage de la baignoire et du lavabo tous les autres matériaux seront nécessairement traités (pierre, bois ou marbre polis).

Tout en longueur. Ci-contre, une salle de bains des Charentes, aux courbes épurées, dissimule une baignoire à deux places. Tout autour, porte-serviettes, appliques murales et lavabo participent au décor. Un classique.

Tortue de mer (page de droite). Tout de bleu vêtu, ce lavabo a été entièrement mosaïqué par la maîtresse de maison. Finition artisanale et robinetterie chromée.

PARTIE DE CAMPAGNE : CABINET DE TOILETTE AUX LAMBRIS SOMBRES, COFFRAGE EN BOIS TRAITÉ ET VASQUE À L'ANCIENNE.

À FLEUR DE PEAU : UN PAPIER PEINT AUX MOTIFS FLEURIS ET C'EST UN PEU DE NATURE À L'INTÉRIEUR.

SIMPLE ET DISCRÈTE

Ci-dessus : lambrissée du sol au plafond, dans les tons crème, une salle d'eau sage et discrète qui invite à un instant de détente.

Ci-contre, détail d'un porte-serviettes réalisé avec des branches trouvées au bord d'une rivière. Le bois a été blanchi par l'eau.

Aménagée sous les combles ou dans un petit espace, la salle de bain campagne se change en coin fraîcheur où les meubles-éviers sont intégrés, surplombant les espaces de rangements nécessaires au linge, serviettes et produits de beauté. Les coffrages de bois peint ajoutent çà et là une touche vivifiante et naturelle.

Tous les bois contigus aux zones humides devront, bien sûr, être préalablement traités. Combiner les teintes claires pour la luminosité et les bois aux couleurs pastel pour la gaieté de l'ensemble : un classique pour ces salles de bains qui jouent la simplicité. Côté accessoires : la faïence, les flacons, les sels de bains, les huiles et les essences seront dispersés aux quatre coins de la pièce comme autant d'éléments décoratifs.

UN AIR CHAMPÊTRE : FRISE FLORALE (CI-DESSUS), BOIS PEINT ET CARRELAGE « MAISON » POUR TOUTES LES SURFACES BORDANT LA BAIGNOIRE ET LE LAVABO.

L'ESPRIT CAMPAGNE

PARFUM DU TEMPS JADIS. CI-DESSUS, ACCESSOIRES, FLACONS, FIOLES, COIFFEUSE AVEC LAVABO INTÉGRÉ.

PAR LA PORTE DÉROBÉE. CI-DESSUS, À DROITE, UNE FRISE ET DES PLINTHES DE COULEUR, UN LISERÉ COLORÉ, C'EST L'IMAGINATION AU POUVOIR.

DEUX À DEUX : VASQUES JUMELLES (PAGE DE GAUCHE) ET ÉLÉMENTS MAÇONNÉS POUR UNE VERSION RÉSOLUMENT MODERNE.

Tout le charme du style campagne tient à peu de chose : mélange des genres, des provenances et des époques. Résolument rurale ou faussement « design », la salle de bains campagne dévoile alors ses multiples visages.
Traditionnelle et rustique, elle évoque l'atmosphère des maisons de grand-mère ; pratique et fonctionnelle, elle combine sans effort esthétique et confort moderne. Le choix des matériaux joue un rôle prépondérant dans la conception de son intérieur. Mobilier de récupération, tablettes de marbre, vasques anciennes, baignoires à réémailler, tout est permis.
Pour les sols et les murs, le choix est immense : carreaux de grès, de ciment, d'émail ou de faïence, ou encore dalles de terre cuite. Tous les carrelages pourront être décorés avec une peinture satinée ou brillante à base de solvant. Certains motifs autocollants, à vernir nécessairement après la pose, peuvent contribuer à la réussite du décor.

Chef-d'œuvre : détail d'une authentique robinetterie anglaise chromée et entièrement sculptée.

Lave-mains anglais (Todoruff) du début du XXe siècle réservé aux invités de la maison.

CARNET D'ADRESSES

Architectes

André Blanchet
2, rue du Pont Machet
17540 Ars-en-Ré
Tél. 05 46 29 24 28

Emmanuel Lenys
1, rue Edighoffen,
68000 Colmar
Tél. 03 89 24 08 11

Emmanuel Rey
1319, boulevard du Lac,
73000 Le Bourget-du-Lac
Tél. 04 79 25 32 28

Hubert Rio
4, rue Gustave Geffroy,
59013 Paris
Tél. 01 47 07 11 99

Jean-Michel Villot
Groupe Alain-Perrier
BP 20,
73230 Saint-Alban-Laysse
Tél. 04 79 33 85 60

Décorateurs

Baroco
27, quai Saint-Antoine,
69002 Lyon
Tél. 04 72 40 05 90

Braquenié et compagnie
111, boulevard Beaumarchais,
75003 Paris
Tél. 01 48 04 30 03

Frédérique Dumond
69000 Lyon
Tél. 04 78 06 29 83

Michel Force
La Salle,
74490 Thorens-les-Glières
Tél. 04 50 22 41 95

Charles Jauffre
45, rue Alexis Perroncel,
69100 Villeurbannes
Tél. 04 72 69 46 10

Martine Langer
75, rue de Belleville,
75020 Paris
Tél. 01 42 01 03 03

Alain Rauschmeyer
Place du Port, Bredannaz,
74210 Doussard
Tél. 04 50 68 63 02

Guy Thodoroff
Sart Décoration et Antiquités,
Le Zodiac,
CH 3962 Crans Montana (Suisse)
Tél. (41) 27 481 19 45

Locations de demeures, chambres d'hôtes

Château de Saint-Paterne
Charles-Henry de Valbruy
72610 Saint-Paterne
Tél. 02 33 27 54 71

Château de Thoiry
Vicomte de la Panouse
78770 Thoiry
Tél. 01 34 87 52 25

Collineige
239, chemin de la Tannerie,
74400 Chamonix-le-Praz
Tél. 04 50 53 01 88

La Commanderie
16, route de Brizay,
37220 Brizay
Tél. 02 47 58 63 13

Compagnie des hôtels de montagne
Chemin de la Riante Colline,
74000 Megève
Tél. 04 50 93 01 10

Les Hêtres rouges
Jean-François et Catherine Bugnet
Hameau d'Antilly
21700 Argilly
Tél. 03 80 62 63 98

Hôtel des deux Abesses
Le Bourg,
43300 Saint-Arcons-d'Allier
Tél. 04 71 74 03 08

Manoir de Tarperon
21510 Aignay-le-Duc
Tél. 03 80 93 83 74

Mas Arnajon
Danielle Viaud
Départementale 15,
13160 Le Puy-Sainte-Reparade
Tél. 04 42 61 86 81

La Verrerie
Comte de Vogüe
18700 Aubigny-sur-Nere
Tél. 03 48 58 06 91

Paysagiste

Michel Semini
Paysagiste-concepteur
Rue Saint-Frusquin,
84220 Goult
Tél. 04 90 72 38 50

REMERCIEMENTS

Philippe Saharoff remercie tous les propriétaires qui ont eu la gentillesse de le recevoir et ont ainsi permis la réalisation de ce livre.

Toutes les photographies sont de Philippe Saharoff, sauf celles de Christine Besson, pages : 6, 15 (en haut), 34 (en haut, à gauche), 35 (en haut à droite), 38, 39, 41 (3 photos), 45, 62 (en haut, à droite), 72, 77, 78, 88, 90, 93, 99, 100, 104, 108 (à droite), 109, 111, 117, 121 (2 photos), 122, 125, 127, 128, 135.

BIBLIOGRAPHIE

Livres

Encyclopédie des styles d'hier et d'aujourd'hui, Culture, Art et Loisirs, Paris, 1969.
Maisons en bois, textes de Judith Miller, photos de James Merrel, éditions Flammarion.
Maisons de campagne, Mary Trewby, éditions Gründ, 1991.
La Pratique de la décoration, Stewart Walton, éditions Larousse, 1995.
Tricia Guild : une décoration naturelle, textes de Nonie Niesewand, photos de Gilles de Chabaneix, éditions Armand Colin, 1995.

Revues

Art et Déco, supplément « Maisons de rêve », 1999.
Campagne et décoration, n° 1, mars-avril 2000.
Le Journal de la maison, n° 276, avril 1994.
Maison individuelle magazine, hors série, avril 2000.
Maisons et jardins, n° 414, « Vogue décoration », juin 1995.
Maisons et jardins, n° 415, « Vogue décoration », juillet-août 1995.
Maison passion, n° 3, mars-avril 2000.
Maisons et travaux, n° 148, mars 2000.
Marie-Claire idées, hors série, n° 1, juillet 1998.
Votre Maison, n° 314, avril-mai 2000.

Coordination éditoriale
Anne Bancillon

Création de la couverture
Sebastian Mendoza

Direction artistique
Paul Wagner

Maquette
Stéphan Aubert

Achevé d'imprimé en UE
par Giunti Industrie Grafiche
Prato, Italie